ぴあのくらぶ

ラ ラ ラ 12か月

はる・なつ

うたって あそんで ぬりえ

新装版

音楽之友社

 ## まえがき

　赤ちゃんを卒業したばかりの幼児期から小学校・中学校、そして青春期、ひとりの子どもの成長には、さまざまな出会いがあります。たくさんの人々との出会いの中で、長い間成長を見守り関わり続けている人がいるとしたら……それは、ピアノの先生かもしれません。

　音楽を通じて子ども達は、幼稚園・学校や家庭とは違う表情を見せることがあります。とかく幼児期から競争社会にもまれている今の子ども達にとって、ピアノの先生と過ごす時間が、やすらぎのひと時となったらどんなによいことでしょう。

　子どもを見つめるあたたかいまなざしが時にはなぐさめになり、時にははげましの力を与えてくれるかもしれません。

　この本は、そんな時間を大切にしたいという願いから、それぞれの街で別々のやり方でレッスンをしているピアノの先生が話し合い、熱い想いで創りあげました。導入期のレッスンを、より楽しくサポートする本として広くご活用ください。

 # この本の使い方

　レッスンの中に5分ぐらい季節の歌を楽しむ時間を取り入れてみませんか。
　昔から歌い継がれてきたわらべ唄・童謡などが、家庭でも幼稚園でもあまり歌われなくなってしまいました。本来、大切にしたいこれらの歌を、この曲集では月ごとに2曲ずつ選んでみました。4歳ではできなかったことが、5歳ではできるようになっているかもしれません。子どもの成長に合わせて工夫し、くり返して何年も使ってください。

○音楽を聴きながら「ぬりえ」をしたり、季節のお話をして、イメージをふくらませましょう。
○歌やリズム遊びを充分に楽しんだあとで、弾いてみましょう。曲はどれもポジション移動なしで弾けるようになっています。左手はグレーで示されています。
○さらにミュージックデータ（別売）を使うことによって、リズム感を養い、さまざまな楽器の音色や効果音を体験して音楽を楽しみましょう。同じ曲でもアレンジによって全く違う雰囲気を味わうことができます。
○曲ごとに表示されたテンポは1つの目安です。生徒の力に応じて調節してください。

（本文中の図例）

- ミュージック・データ
- リズム遊びをする
- 歌や遊びを楽しむ
- 譜読みをする
- 弾けるところだけ、弾いてみる（子どもの能力に応じてポジションなどを自由に工夫する）
- 先生と連弾を楽しむ（連弾の場合は生徒のポジションに注意）
- 移調する
- Step up できたらやってみる

もくじ

月	曲名	ページ	ディスク
3月	いもむしごろごろ	6	[1] わらべうた　[2] フュージョン風
3月	うれしいひなまつり	8	[3] 邦楽サウンド　[4] メルヘン風
4月	チューリップ	10	[5] 童謡　[6] ゲゲゲの鬼太郎風　[7] サンバ風
4月	ひらいたひらいた	12	[8] わらべうた　[9] レゲエ風
5月	こいのぼり	14	[10] 童謡　[11] ファンタジー
5月	ちゃつみ	16	[12] 手あそび　[13] ブギウギ風
6月	とけいのうた	18	[14] 童謡　[15] ロック風
6月	てるてるぼうず	20	[16] わらべうた　[17] ポツポツ雨・嵐・晴れ
7月	たなばたさま	22	[18] 童謡　[19] ファンタジー　[20] サンバ風
7月	ほたるこい	24	[21] わらべうた／オカリナ　[22] 盆踊り風
8月	うみ	26	[23] 童謡　[24] 波のサウンド
8月	トマト	28	[25] 童謡　[26] TV番組のテーマ風
おたのしみ	ハッピ・バースデイ・トゥ・ユー	30	[27] ホームパーティー風
おたのしみ	ハッピ・バースデイ・トゥ・ユー	31	[28] コンチェルト風

[1] [2] ……はミュージック・データのディスク・ナンバーです。

※これらの曲は別売のミュージック・データと合わせることができます。奥付のページを参照してください。

※ミュージック・データは、いろいろな趣きで、おしゃれに楽しめるように、ロック、ラテンのリズムや、邦楽サウンドなどアレンジを変えてあります。コンサートなどのステージでも充分に映えるでしょう。「小さなピアニスト」気分で楽しんでください。

 # いもむしごろごろ

わらべうた　谷口 啓子／編曲

Arrangement © 1998 assigned to ONGAKU NO TOMO SHA CORP., Tokyo, Japan.

 4/4 ♩ ♫ ♩ ♪

 歌に合わせてタオルをたぐり寄せる。（手の山を出す運動）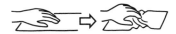

 ①２度上げてラの音から始める。

②４度下げてレの音から始める。

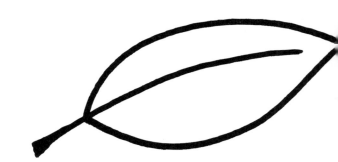

（ミュージック・データでは２小節の後奏があります）
前奏
♩=100

うれしいひなまつり

サトウハチロー／作詞
河村 光陽／作曲　飯田 和子／編曲

 　4/4　♩♫♩♫

 　ラとミの音を弾きながら（5・6小節めのように）、初めから歌ってみる。

1. あかりを つけましょ ぼんぼりに　おはなを あげましょ もものはな
2. おだいりさーまと おひなさま　ふーたり ならんで すましがお

4がつのうた 5 6 7

チューリップ

近藤 宮子／作詞
井上 武士／作曲　谷口 啓子／編曲

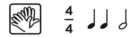 4/4 ♩♩♩

😊 レの音を歌わずにドレミ唱する。（他の音でも試してみる）

ミとラを半音下げてハ短調にする。（長調・短調の違いを感じる）

前奏（連弾の場合は、生徒は1オクターヴ上で弾く）

さいた　さいた　チューリップの　はなが
ならんだ　ならんだ　あかしろ　きいろ

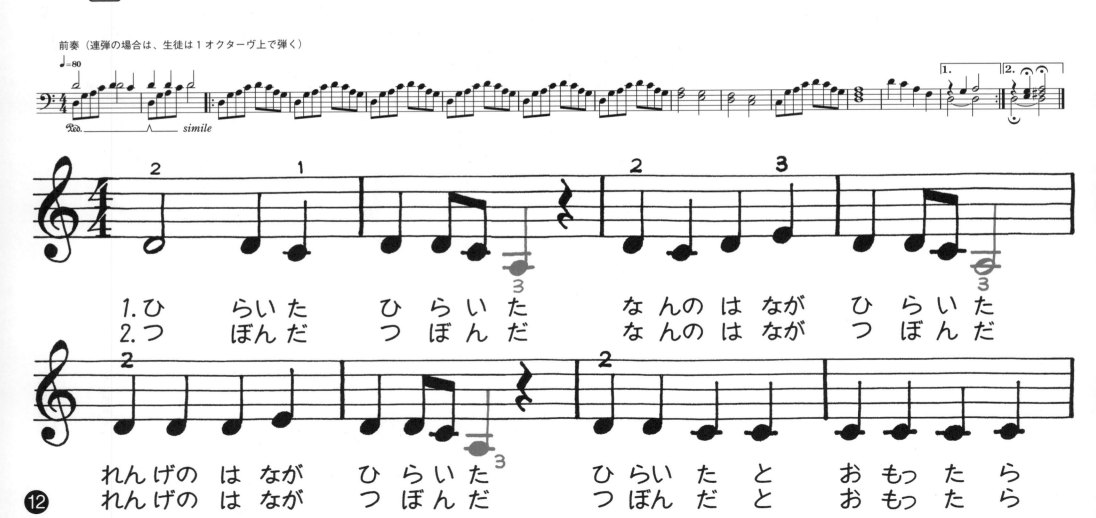

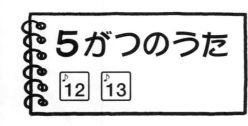

ちゃつみ

文部省唱歌　飯田 和子／編曲

Arrangement © 1998 assigned to ONGAKU NO TOMO SHA CORP., Tokyo, Japan.

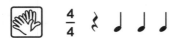

「せっせっせ」で遊ぶ。

なつも ちかづく はちじゅう はちや
のにも やまにも わかばが しげる

とけいのうた

筒井 敬介／作詞
村上 太郎／作曲　中森 智佳子／編曲

時計にちなんで、速さに対する意識を持つ。　メトロノーム ♩ = 60、80、100

コップやあき缶等をたたいて、いろいろな音を楽しむ。

前奏（連弾の場合は、生徒は1オクターヴ上で弾く）

♩=100

（※左手はそのままで、右手パートはメロディを弾くことができます）

後奏

コチコチ カッチン　おとけいさん　コチコチカッチン　うごいてる

 # てるてるぼうず

わらべうた　中森 智佳子／編曲

Arrangement © 1998 assigned to ONGAKU NO TOMO SHA CORP., Tokyo, Japan.

 拍に合わせて指の運動をする。

 このパターンを、好きな高さで弾いてアンサンブルを楽しむ。

・ポツポツ雨―スタッカート、大粒の雨―f 等、雨の降り方をイメージして弾き方を工夫する。

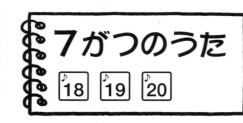

たなばたさま

権堂 花代・林 柳波／作詞
下總 皖一／作曲　飯田 和子／編曲

Arrangement © 1998 assigned to ONGAKU NO TOMO SHA CORP., Tokyo, Japan.

 　4/4 ♩♩｜○　　2分音符は円を描くようにたたき、全音符ではキラキラさせる。

 　星にちなんだ曲を、さがしてみる。

🧠 半音上げて黒鍵だけで弾く。

（ミュージック・データでは2小節の後奏があります）
前奏（連弾の場合は、生徒は1オクターヴ上で弾く）

1. さ さ の は　さ ら さ ら　　の き ば に　ゆ れ る
2. ご し き の　た ん ざ く　　わ た し が　か い た

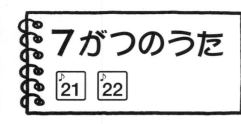

ほたるこい

わらべうた　飯田 和子／編曲

Arrangement © 1998 assigned to ONGAKU NO TOMO SHA CORP., Tokyo, Japan.

- 半音下げて黒鍵だけで弾く。
- ①片手奏／右手だけ・左手だけでメロディを弾く。
- ②片手奏ができたら、もう一方の手で好きな音を鳴らす。(♪のところ)

前奏（連弾の場合は、生徒は１オクターヴ上で弾く）　　　　　　　　　　　　　　　　　　　　　　　　（※右手でメロディを弾く時は、左手は伴奏パターンを弾く）

♩=90

伴奏パターン

ほっ　ほっ　ほたるこい　あっちのみずは　にがいぞ

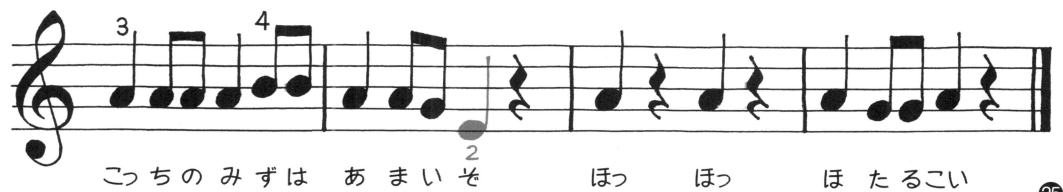

う み

林　柳波／作詞
井上武士／作曲　飯田 和子／編曲

Arrangement © 1998 assigned to ONGAKU NO TOMO SHA CORP., Tokyo, Japan.

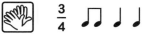

 ① 3拍子に合わせてスカーフで波遊び。

② 歌に合わせてストローを吹く。（だんだんフレーズを長くとれるように）

1. う　み　は　　ひ　ろ　い　な　　お　お　き　い　な
2. う　み　は　　お　お　な　み　　あ　お　い　な　み

トマト

荘司 武／作詞
大中 恩／作曲　中森 智佳子／編曲

Arrangement © 1998 assigned to ONGAKU NO TOMO SHA CORP., Tokyo, Japan.

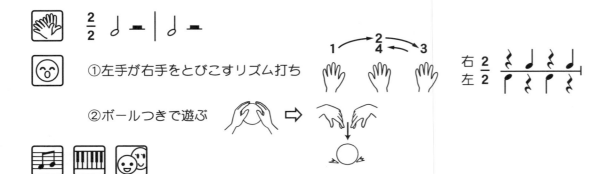

① 左手が右手をとびこすリズム打ち
② ボールつきで遊ぶ

前奏（連弾の場合は、生徒は1オクターヴ上で弾く）　♩=70

（※右手でメロディを弾く時は、左手はどちらかのパートを弾く）
間奏（後奏）

1.2. トマトっ て
1. かわいい なまえ だ ね
2. なかなか おしゃれ だ ね

おたのしみ

ハッピ・バースデイ・トゥ・ユー

M.ヒル & P.ヒル／作詞・作曲
中森 智佳子／編曲

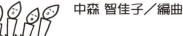

Arrangement © 1998 assigned to ONGAKU NO TOMO SHA CORP., Tokyo, Japan.

前奏（連弾の場合は、生徒は2オクターヴ上で弾く）

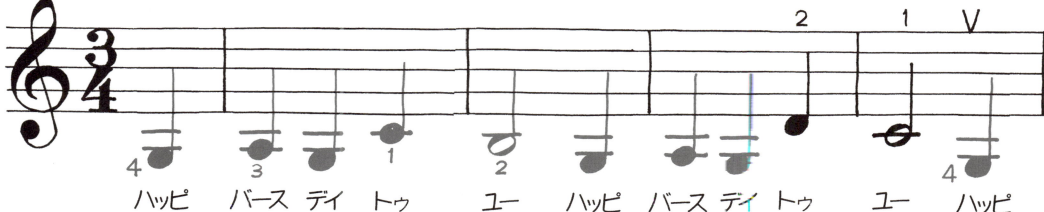
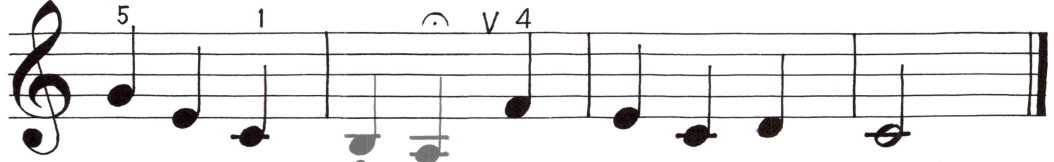

◎編者
ぴあのくらぶ
飯田和子／清水真由美／谷口啓子
中森智佳子／細野聖名子／松澤正子

◎編曲
飯田和子／谷口啓子／中森智佳子

◎ミュージック・データ編曲・プログラム
東嶋道子

◎イラスト＆デザイン
佐藤恵子

◎手書楽譜
仙田尚久

◎楽譜浄書
プレスト

ラララ12か月　はる・なつ　新装版

2018年4月10日　第1刷発行
2022年4月30日　第2刷発行

編者　ぴあのくらぶ
発行者　堀内久美雄
発行所　株式会社音楽之友社
東京都新宿区神楽坂6の30
電話　03(3235)2111(代)　〒162-8716
振替　00170-4-196250
https://www.ongakunotomo.co.jp/

451150

日本音楽著作権協会(出)許諾第1802334-202号

印刷：(株)平河工業社
製本：(株)宮本製本所

落丁本・乱丁本はお取替いたします。
Printed in Japan.

本書の全部または一部のコピー、スキャン、デジタル化等の無断複製は著作権法上での例外を除き禁じられています。また、購入者以外の代行業者等、第三者による本書のスキャンやデジタル化は、たとえ個人や家庭内での利用であっても著作権法上認められておりません。

ミュージック・データは、インターネットでダウンロード販売をしています。
下記のホームページにアクセスしてください。